9
2
8
3
7
6
5
4
1
16
15
14
10
12
11
13
17

DAS GARTENPORTRÄT

Karl Ploberger
Ursel Borstell

EIN GARTEN VOLLER LEBENSFREUDE UND ERNTEGLÜCK

naturnah, vielfältig, experimentell

Deutsche Verlags-Anstalt

INHALT

VORWORT 7

Von Lebensfreude und Ernteglück 8

HERZLICH WILLKOMMEN 13

Hier wird seit 20 Jahren »gegartelt« 14

BLUMENWIESEN 23

Die größten Blumenbeete 24

Die Obstgartenwiese 28

GEPFLANZTE NATUR 35

Das Moor, der Teich, die Blüten 36

DIE GEHÖLZE 43

Der Reiz der Vielfalt 44

ERNTEFREUDEN 51

Schönheiten, die man essen kann 52

SAMMLERSTÜCKE 63

Dekoratives und Botanisches 64

GEWÄCHSHAUSLUST 73

Raritäten unter Glas 74

DER TOPFGÄRTNER 81

Gärtnern auf kleinstem Raum 82

NACHLESE 91

Liebe Leser 92

Anhang 96

VORWORT

VON LEBENSFREUDE UND ERNTEGLÜCK

SEITE 2
Ein Frühlingstag, wie im Bilderbuch: Die Zierkirsche 'February Pink' und viele Narzissen vor dem sogenannten Waldhaus – das ist Gartenglück pur.

SEITE 6/7
Verträumt hinter einer Wildsträucherhecke liegt die »Waldvilla Karulli« – ein neugebautes Haus im Stil der typischen Salzkammergutvillen.

Viel ist über meinen Garten schon geschrieben worden, oft war das private Stück Grün schon im Fernsehen, in Zeitungen und Magazinen zu sehen. In diesem Buch ziehe ich erstmals Bilanz – genau 20 Jahre nach Beginn der Gestaltung.

Vieles, was ich in meinen Büchern – darunter der Bestseller *Der Garten für intelligente Faule* – geschrieben habe, findet man auch in meinem privaten Garten. Das Buch *Ein Garten voller Lebensfreude und Ernteglück* zeigt aber auch, dass dieser nun allmählich erwachsene Garten noch immer nicht vollendet ist. Und, dass die ganze Familie bei diesem Prozess in allen Details mitredet.

Die einzelnen Kapitel stellen nicht nur einen (bebilderten) Spaziergang durch den Garten dar, sie sind auch voll von persönlichen Gedanken und Ideen. Denn Gärten entstehen nicht am Papier, sie entstehen, indem man Schaufel und Pflanzen in die Hand nimmt.

Die Blumenwiesen sind so ein Projekt, das sich erst in den letzten Jahren zu einem Blickpunkt in meinem »Faulenzergarten« entwickelt hat. Oder die vielen Bereiche, die ganz naturnah gestaltet wurden. Teils geplant, teils als Rückeroberung der Natur.

RECHTE SEITE
Rosen als Willkommensgruß. Es ist die Sorte 'Flammentanz', die den Eingang schmückt und gleich klar macht: Hier leben Blumenliebhaber.

England trifft Salzkammergut: Hanging Baskets am Waldhaus. Im Holzgebäude im Stil der Region gibt es für Besuchergruppen Vorträge, Kaffee und Mehlspeisen.

Die Lust am »Garteln«, wie ich es immer nenne, das »Gärtnern« ist besonders bei den vielen Raritäten zu spüren: ob Taschentuch-, Lebkuchen oder Schneeglöckchenbaum, ob Sieben-Söhne-des-Himmels-Strauch oder Etagenschneeball.

Ein Garten, den eine Familie bewohnt, ist immer ein Kompromiss. In diesem Fall ein absolut positiver, denn Hauptwunsch meiner Frau ist: Gemüse, Obst und Beeren. So entstand ein großer Gemüse- und Naschgarten und – damit es pflegeleicht bleibt – Weinspalier und Säulenobsthecke.

Die Leidenschaft freilich ist in meiner Sammelfreude zu erkennen. Ob Kamelien, Citrus, Pelargonien, Veilchen oder Schneeglöckchen – ob Erdorchideen oder Hauswurz: Immer wieder ist die journalistisch bedingte Experimentierfreude zu spüren.

Vor allem natürlich im Gewächshaus, wo Jahr für Jahr das Gartenjahr zeitig im Winter beginnt und erst im Spätherbst ganz allmählich zu Ende geht.

Und damit all das, was im Garten keinen Platz findet, nicht vergebens gezogen wurde, findet man im Garten viele Schalen und Töpfe, Tröge und Kisten, in denen die Blumen wachsen, oft liebevoll arrangiert von meiner Frau.

Das Buch mit den vielen Bildern von Ursel Borstell – die über zwei Jahre lang den Garten durch die Kameralinse beobachtet hat

– lädt ein zum gärtnerischen Entdecken und Genießen. Denn so manches Eckerl im Garten gehört trotz der vielen Besucher, die Jahr für Jahr hierherkommen, der Familie ganz allein.

Karl Ploberger

Dann und wann bleibt Zeit zum Genießen: Ulli und Tochter Karoline mit dem Autor beim Nachmittagskaffee auf der Terrasse vor dem Wintergarten.

HERZLICH WILLKOMMEN

HIER WIRD SEIT 20 JAHREN »GEGARTELT«

Ja, es ist ein Garten in Österreich, und da heißt es eigentlich »Grüß Gott«. Es heißt aber auch herzlich willkommen, denn einige hundert Gäste kommen jedes Jahr in den Garten am Nordende des Attersees in Seewalchen im Salzkammergut. Allerdings – und das sei gleich gesagt – nur nach Anmeldung.

Was macht diesen Garten so besonders? Zunächst wahrscheinlich die Tatsache, dass ich seit mehr als 25 Jahren als Gartenjournalist aktiv bin und in Vorträgen, Zeitungen, Magazinen, in vielen Büchern und vor allem in Radio und Fernsehen über meine Leidenschaft und meine Erfahrungen beim »Garteln« berichte. Da ist schon das zweite typisch österreichische Wort: »Garteln.« Wir Österreicher gärtnern (meist) nicht, sondern wir »garteln«. Würde man die diversen Mundarten betrachten, dann käme man von »gachtln« über »garschtln« bis hin zu selbst für mich als »Ureinwohner« unaussprechlichen Varianten.

Genau das aber macht dieses Land so reizvoll – die kleine Fläche und die vielen Unterschiede. Auch klimatisch, womit wir wieder beim Garten sind. »Der Garten des Biogärtners« wird er meist

RECHTE SEITE
Die Sternmagnolie schmückt im Erstfrühling auch die »2. Etage«. In den Staudenbeeten beginnt üppiges Wachstum – und immer wieder Narzissen!

genannt, weil einzig und allein das biologische Gärtnern meine Leidenschaft ist. Als ich vor mehr als 12 Jahren das Buch *Der Garten für intelligente Faule* geschrieben habe, habe ich damit nicht nur einen markanten und nicht geläufigen Titel gewählt (übrigens ein Zitat des großen deutschen Staudengärtners Karl Foerster), mir ging es vor allem darum, den Menschen dieses naturgemäße Gärtnern näherzubringen. Ausprobiert habe ich das alles in meinem Garten und im Garten meiner Eltern und Schwiegereltern, denn die Leidenschaft hat schon früh angefangen: mit sechs Jahren begann ich – so wurde mit erzählt – mit den ersten botanischen Versuchen. Ich übernahm dann mit zehn Jahren den Gemüsegarten und errichtete mit zwölf mein erstes Gewächshaus – aus Holzlatten und Plastikfolie. Nach Schule und Start als Journalist begann die eigentliche Biozeit: im Garten meiner Schwiegermutter wurde nach den Grundsätzen von Marieluise Kreuter (ihr Buch *Der Biogarten* war und ist meine Bibel) gegärtnert, und vor genau 20 Jahren kam dann mein eigener Garten.

Seither wird auf 2500 Quadratmetern alles ausprobiert, was so an Tipps von Naturgartenfreunden aus Nah und Fern an mich herangetragen wird. Immerhin sind meine Bücher von mehr als 200 000 Menschen gekauft worden und – zählt man alle Zuseher zusammen – haben 25 Millionen Menschen meine TV-Sendungen gesehen.

So wie es heißt: »Man lernt nie aus« (das stimmt ganz besonders für Gärtner), so stimmt haargenau: »Ein Garten ist niemals fertig.«

Wie waren doch die ersten Jahre im Garten, als der Teich entstand, die ersten Blumenwiesen mit meterhohen Blüten heranwuchs und die ersten Besucher kamen? Schon damals waren die Menschen begeistert. Aus heutiger Sicht kann man es gar nicht verstehen, aber viele von damals kommen auch noch heute und sagen etwas, was ich unterschreibe: »Das Schöne an Ihnen ist, dass Sie wirklich genau das erzählen und berichten, was Sie auch leben.«

Da sind wir bei dem, was ich als »Garten mit Seele« bezeichne. Auf meinen Gartenreisen nach England (mittlerweile seit 20 Jahren Tradition) habe ich schon einige hundert Gartenparadiese besucht. So toll die großen öffentlichen Parks und botanischen Anlagen in diesem Gartenland Nummer 1 sind – sie sind perfekt, aber oft ohne Seele. Kommt man in die privaten, kleinen, manchmal nicht ganz perfekten Gärten, spürt man den »anderen Teil« des Gärtners. Eben, was zwischen den Pflanzen zu spüren ist. Und hier ist nicht das Unkraut gemeint, das auch dazugehört. »Traue keinem Garten ohne Unkraut«, ist nun oft auf Steinplatten und Holzschildern in Gärten zu lesen. Das ist absolut richtig. Doch in einem Garten schwingt auch viel nicht Sichtbares mit. Jedes

LINKE SEITE

Die Reste der Allium-Wiese: In einem Naturgarten geht nichts verloren. Die getrockneten Samenstände zieren bis in den Winter hinein.

LINKE SEITE UNTEN

Ein Experiment ist es wert: Samen der Allium aussäen. Wer weiß, was da herauskommt.

RECHTS

Das Waldhaus mit Dekoration – die wird in diesem Garten groß geschrieben.

OBEN

Da ein paar getrocknete Blumen, dort ein Schild vom letzten Gartenmarkt – das schafft Wohlfühlatmosphäre.

RECHTS

Der Dachvorsprung beim Holzschuppen ist ideal zum Trocknen der Samenstände.

Unter der großen Haselnuss ist es im Sommer angenehm zu sitzen – stilgerecht auf der Gartenbank »Sissinghurst«. Den Rahmen bilden Hortensien im Topf.

Tun und Handeln löst etwas aus. Auch in meinem Garten. Und wenn ich im Herbst – dank der Mithilfe meiner Schwägerin – die mehr als 3000, 4000 Blumenzwiebeln pflanze, dann erfolgt das zwar nach einem Plan, dennoch wird jede Zwiebel mit einer bestimmten Leidenschaft gepflanzt. Wenn dann plötzlich durch falsche Berechnung ein Sack mit einigen hundert Schachbrettblumen übrig ist, gehe ich durch den Garten, lasse den Frühling im Geist erwachen und pflanze dann nach Gutdünken. So wie ich es mir vorstelle – eben mit meiner Seele.

Das Unkraut, weil es eben angesprochen wurde, das gibt es. Zur Genüge und wird auch immer wieder beseitigt, dennoch überleben viele dieser Bei- oder Wildkräuter, wie der Naturgärtner sie charmant bezeichnet, in meinen Staudenbeeten oder unter den Wildsträuchern. »Das ist so schön, wenn ich bei Ihnen Giersch sehe«, drücken manche Besucher dann gleich nach dem »Grüß Gott« ihre Bewunderung aus und übersehen – sehr zu meiner Überraschung – die gerade in vollster Blüte stehende Ramblerrose, die das Gartenhaus erobert hat.

»Grüß Gott«, sag ich aber nicht nur den Menschen in meinem Garten. Vor allem wünsche ich allen Tieren ein herzliches Willkommen. Als Journalist und einer, der im Sternzeichen der Zwillinge geboren ist, bin ich manchmal ein wenig ungeduldig.

… noch mehr Narzissen: Eine Mischung aus den besonders robust und zum Verwildern geeigneten ›Thalia‹ und der zweifarbigen ›Ice Follies‹ auf der großen Wiese.

Da versuchte ich zu Beginn Tiere anzusiedeln – Molche aus dem Teich meiner Schwester. Erfolglos. Erst als sich nach und nach aus der einstigen intensiv genutzten Bauernwiese ein Stück Naturoase entwickelte, kamen sie alle von selbst: die Kröten, die Blindschleichen, die Igel und die vielen Vögel. Sie sind die wahren Helfer in einem Naturgarten und machen das Stück Land erst zum wirklichen Paradies.

So lehrte mich das Gärtnern eine Tugend, die mir im Leben generell besonders zugute kam: die Gelassenheit. Was regt man sich nicht auf, wenn das oder jenes passiert. Wie sehr ärgert man sich über die Diskussion, die E-Mail oder den Brief – schläft man einmal »drüber«, wird es schon leichter. Löscht man die Botschaft, über die man sich geärgert hat, nicht nur physisch, sondern auch im Geist, ist alles plötzlich viel leichter. Der Garten hat es mir gezeigt, dass es nur so geht: das Kommen und Gehen, das Werden und Vergehen. So traurig und tragisch es auch ist, so mühevoll sich das alles darstellt. Es gehört zu unserem kurzen Erdendasein dazu.

Vor gar nicht allzu langer Zeit musste eine herrliche, uralte Multiflora-Rose weichen. Nicht, weil sich nicht gefiel, sondern weil der Wurzelstock beim Nachbarn war und ich – vor vielen Jahren – mit ihm vereinbarte, dass er die Rose doch trotz des

Schwimmbadbaues stehen lassen solle und die Triebe unter dem Zaun durch zu einem Rosensitzplatz gezogen wurden. Als er nun den Garten umgestaltete, musste die Rose weg und fast mit einem schlechten Gewissen »beichtete« er mir sein Vorhaben. Nach einer Schrecksekunde war klar: das ist ein Neubeginn! So wird hier anstelle der Multiflora die 'American Pillar' den Sitzplatz erobern. Geht etwas zu Ende, ist natürlich die Traurigkeit groß, doch das »Grüß Gott« für Neues steht schon vor der Tür.

Das alles erleben meine Frau, meine Tochter, die vielen Besucher und natürlich vor allem ich in diesem »letzten Paradies, das es noch auf der Erde gibt«.

Kommen Sie mit und holen Sie sich viele Ideen – nichts ist urheberrechtlich geschützt, alles darf man nachmachen. Das Einzige, was ich mir wünsche: Haben Sie so viel Freude und Spaß wie ich.

OBEN
Ein seltenes Bild des immer aktiven Gärtnerehepaars: Ulrike und Karl auf der »Hausbank« vor dem Waldhaus.

LINKE SEITE
Ein altes Tor vom Schrotthändler überwuchert von der schattenverträglichen Rose 'Ghislaine de Feligonde'. Der Blauglockenbaum ging durch Zufall auf – was mit ihm passiert, ist noch ungewiss.

BLUMENWIESEN

DIE GRÖSSTEN BLUMENBEETE

»Blumenwiesen sind die verlängerten Blumenbeete.« Diesen Satz hörte ich zum ersten Mal bei einer Gartenreise nach England, genauer in Great Dixter. Sir Christopher Lloyd hat dort schon beim Eingang des Gartens eine herrliche Magerwiese mit vielen Kräutern und Orchideen angelegt. Damals erinnerte ich mich an meine Jugend – an meine »ersten Blumenwiesen«. Sie befanden sich hinter unserem Garten, am Gelände einer aufgegebenen großen Spedition. Der dazugehörige Privatgarten, der mit allen Schikanen ausgestattet war, wurde von der Natur zurückerobert, und anstelle der dichten englischen Rasenflächen entstanden über die Jahre herrliche Blumenwiesen. Besonders schön waren sie immer Ende Mai, vor allem auch deshalb, weil da in meiner Heimatstadt Pferdemarkt war und viele der Aussteller ihre Tiere auf dieser Wiese »parkten«. Ein herrliches Bild: wogende Margeriten, Glockenblumen und das strahlende Gelb vom Hahnenfuß.

Es war klar, dass es auch in meinem Garten eine Blumenwiese geben musste. Was heißt eine: den Beginn machte die »Bauernwiese«. Jener Teil des Grundstücks, der beim Bau des Hauses völlig unberührt blieb und wo es so weiterwachsen durfte, wie seit

RECHTE SEITE
Die Idee stammt aus England: Allium *('Globemaster' – violett – und 'Mount Everest' – weiß) in die Blumenwiese gepflanzt. Die Margeriten liefern den natürlichen Rahmen.*

Hier sieht man – erst in der Masse haben manche Pflanzen eine einzigartige Wirkung – im Frühsommer als großes Zierlauch-Beet …

Jahrzehnten. Hier träumte ich schon von der »Pferdewiese« von damals. Doch die Ernüchterung folgt bald: der Boden hier war so stark mit Nährstoffen angereichert, dass hier zunächst nur Löwenzahn und später mannshohe Gräser wuchsen, die eher wie kleine Gehölze aussahen. Also Boden abmagern – ich mähte zwei Mal pro Jahr, streute viel Quarzsand auf und strapazierte meine Geduld. Um es vorwegzunehmen: Auch jetzt nach fast 20 Jahren ohne Dünger ist hier das Wachstum noch immer enorm, aber es wachsen nun auch viele Blumen hier. Der Witwenblume *(Knautia arvensis)* gefällt es offenbar hier am besten – sie wuchert regelrecht.

Doch wie hat Christopher Lloyd gesagt: Die Blumenwiesen, unsere verlängerten Blumenbeete … Gehört, getan! Und so begann ich die niederländischen Blumenzwiebelproduzenten »zu unterstützen« – Tausende Zwiebeln setze ich seither in meine Blumenwiese. Zunächst wollte ich – à la Highgrove – Tulpen im hohen Gras wiegen sehen. Das war allerdings nur Futter für meine Wühlmäuse. Von gepflanzten 300 Tulpen kamen knapp 50 zum Blühen. Und das war es auch schon – in den Jahren danach verschwanden sie komplett. Der Boden ist zu feucht, die Zwiebeln können im Sommer nicht ausreifen, und so gibt's (von den wenigen überlebenden) nur Blätter.

Also Narzissen pflanzen, die mögen die Mäuse nicht. Den Anfang machte die berühmte 'Golden Harvest', die meistgepflanzte großkronige Narzisse, dann kam die beliebteste Zwergnarzisse dazu: 'Tète à tète'. Und schließlich entdeckte ich meine neuen Favoriten: 'Thalia', mit mehreren Blüten auf einem Stängel und dazu noch Duft.

... und im zeitigen Frühjahr als Narzissen-Garten. Mehrere hundert Zwiebel wurden hier im Herbst in die Wiese gelegt und werden alljährlich punktgenau mit organischem Dünger versorgt.

Und weil meine Englandreisen mir Jahr für Jahr neue Ideen liefern, entdeckte ich vor einigen Jahren nun schon den Zierlauch als neue Bereicherung für meine Wiesen. Hunderte violette und weiße Blütenkugeln stehen nun zwischen und über den Gräsern und machen diese alte Bauernwiese zu einem wirklichen Blumenbeet.

DIE OBSTGARTENWIESE

Ich wollte einige Flächen ganz naturnah gestalten. Im Obstgarten war dafür Platz. Dort wuchsen die Gräser deutlich geringer, und so schien mir der Platz für eine typische »Ausseer Narzissenwiese« ideal. Wer es nicht kennt: Bad Aussee liegt in der Steiermark und feiert alljährlich das Narzissenfest – Millionen von Blüten schmücken zu dieser Zeit die Hänge mit der Dichternarzisse: *Narcissus poeticus recurvus*. Allerdings ist das eine Narzisse mit ganz bestimmten Standortansprüchen. »Wechselfeucht« nennen das die Botaniker, was so viel heißt wie: Frühjahr sehr nass, fast sumpfig, dann trocken. Im Spätsommer wieder feucht und im Winter dick eingepackt unter Schnee. So anspruchsvoll die Pflanzen in der Erde sind, so sind sie es auch als Zwiebel. Liegen sie zu lange im Trockenen, gibt es gleich einige Jahre keine Blüte. Daher lagern Experten sie in einem feuchten Substrat und pflanzen umgehend. Das hab ich gemacht – 500 Stück landeten in mehr oder weniger kleinen »Nestern« zwischen den Obstbäumen. Tatsächlich gab es schon im ersten Jahr viele Blüten – es werden aber nach und nach mehr. Dank der Witterungsgegebenheiten – mein Garten ist nur gut 50 Kilometer vom Ausseer Land entfernt – scheinen sich die Narzisssen auch gut zu entwickeln.

RECHTE SEITE BEIDE
Ein altes Haus war der Traum – da gehört der Obstgarten hinterm Gewächshaus dazu. Dichternarzissen sind im Frühjahr der Blumenschmuck unter den blühenden Bäumen.

Sehr oft ist die Natur der beste Gestalter: Auf der Wiese beim Gewächshaus tauchten vor einigen Jahren plötzlich die Witwenblumen (Knautia arvensis) *auf und fühlten sich hier wohl.*

Die Magerwiese

Die perfekteste Vorbereitung hatte allerdings bei mir die »große Blumenwiese«, wie sie genannt wird. Schon beim Hausbau ließ ich den gesamten Humus abziehen und den Boden mit Sand noch mehr abmagern. Mein Fehler war damals allerdings, dass ich eine Blumenwiesenmischung »von der Stange« – sprich aus dem Regal eines Gartencenters – gekauft habe. Diese Mischungen haben mit Blumenwiesen nichts zu tun: viele einjährige Sommerblumen, zu viele Gräser und keine wirklichen, an den Standort angepassten Pflanzen. Dennoch gab es eine Überraschung. Offenbar ist beim Abmischen der Blumenwiesenmischung eine Handvoll Wegwarte in die Packung geraten. Denn anstelle einer bunten Blumenwiese wuchsen auf dem Stück Garten nun mannshohe dunkelblau blühende Wegwarten *(Cichorium intybus).* Wie ein Versuchsfeld für Wegwarte sah es aus und erstaunte die Spaziergänger, die dachten, es wäre so gewollt. Vor allem die Tatsache, dass dieses Stück Wiese in den Morgenstunden blitzblau leuchtete, zu Mittag aber bereits wieder alle Blüten verblüht waren.

Doch für mich war es nicht die Blumenwiese, von der ich träumte. Zum Glück lernte ich zu dieser Zeit wohl die profundeste Expertin der Blumenwiesen kennen: Dr. Karin Böhmer von den

Voitsauer Blumenwiesen in Niederösterreich. Im Rahmen meiner journalistischen Arbeit machte ich Interviews und erzählte so nebenbei von meinen Blumenwiesenerlebnissen. Wenig später war eine große Packung reiner Blumenwiesensamen mit der Post ins Haus gekommen. Seither wächst hier wirklich eine bunte Kräutermischung, die Wegwarten sind verschwunden und – weil ich es einfach nicht lassen kann – sind auch hier viele *Allium* als Blickpunkt im Frühling und Frühsommer gepflanzt.

Fast ein Suchbild: Wo sind die vom Gärtner gepflanzten Allium*? Witwenblumen und Zierlauch schmücken im Mai die Blumenwiese in violetten Tönen.*

Der Blumenrasen

Wer so oft in England ist wie ich, der verliebt sich auch in die Englischen Rasenflächen. Dort werden sie mit Chemie und Mineraldünger »gedopt«. Ich habe es ganz biologisch probiert und dünge die richtigen Rasenflächen drei Mal pro Jahr mit einem organischen Dünger. Das kräftigt die Gräser so, dass sie die Unkräuter beinah völlig verdrängt haben. Ganz wichtig natürlich das richtige Mähen: niemals zu kurz mähen, denn das würde auch die Beikräuter unterstützen. Stufe 3–4 ist ideal, dann bilden die Rasenpflänzchen einen dichten Teppich. Durch den organischen Dünger ist der Boden so belebt, dass es kein Moos gibt, und der Regenwurm transportiert alles ab, was an vertrockneten Gräsern zurückbleibt. So habe ich in den 20 Jahren noch kein einziges Mal vertikutiert – bei mir macht das die Natur. Wieder so ein Beispiel für »intelligente Faule«.

RECHTE SEITE OBEN
Mittlerweile ein Profi beim Sensenschwingen. Der Biogärtner begann vor Jahren mit (lärmender) Motorsense, heute mäht er alles mit Muskelkraft – und fast lautlos.

RECHTE SEITE UNTEN
Die Fenster des Erdgeschosses sind immer mit Balkonkästen geschmückt – jedes Jahr ein wenig anders. Aber fast immer sind Pelargonien dabei.

GEPFLANZTE NATUR

DAS MOOR, DER TEICH, DIE BLÜTEN

Als Naturgärtner war mir von Beginn an klar: Natur kann man nicht pflanzen. Man kann nur die Voraussetzungen dafür schaffen, dass sich ein möglichst vielfältiges Leben einstellt.

Ein Hauptprojekt dabei war das »Moor im eigenen Garten«. Hier habe ich – genau nach Anleitung – ein Stück Natur nachgebaut: mit einem gut 2 Meter tiefen und etwa 20 Quadratmeter großen Loch, das ich mit dicker Teichfolie ausgekleidet habe und in den als Wasserspeicher nicht weniger als 100 große Blumentöpfe und Plastikeimer (mit Löchern) verkehrtherum hineingestellt wurden. Danach kam darauf – und das ist freilich eine ökologisch sensible Tatsache – Torf. Grobfasriger, der bei einem befreundeten Erderzeuger als »Abfall« zurückgeblieben ist. Aber ohne den geht es nicht: Also habe ich diese Sünde auf mich genommen, denn ich wollte das Moor in allen seinen Varianten erleben.

Die ersten Jahre passierte wenig, doch nach und nach entwickelte sich tatsächlich so etwas wie eine ökologische Oase: mit Sonnentau, Orchideen und mit Preiselbeeren. Schließlich begann sogar das Torfmoos, das *Sphagnum*, zu wachsen. So stark, dass

RECHTE SEITE
Der Garten ist ein Kommen und Gehen – die Reste einer abgefrorenen Ölweide bleiben als Stütze für eine Clematis stehen. Insekten finden im Totholz Quartier.

OBEN
Der Cyclamen-*Freund findet immer Platz für seine Lieblinge: Unter der Hainbuche blühen im Herbst* Cyclamen hederifolium.

LINKS
Mit einer einzigen Pflanze begann die Eroberung des Gartens: Helleborus foetidus, *die stinkende Nieswurz sieht zauberhaft aus und sät sich erfreulicherweise leicht aus.*

UNTEN
Es ist der Duft, der diesen Garten an allen Ecken und Enden durchströmt: das Duftveilchen 'Donau' mit betörendem Duft.

mein zarter Sonnentau überwuchert wurde. Einzig die robusten und mächtigen Frauenschuhorchideen lassen sich von der Natur nicht unterkriegen und vermehren sich zu stolzen Stöcken mit vielen Blüten.

Viel Natur gibt es natürlich auch rund um und im Teich. Auch hier habe ich es – trotz großer Lust, ein wenig nachzuhelfen – der Natur beinah selbst überlassen, dieses Feuchtbiotop zu besiedeln. Nur die traditionellen Wasserpflanzen wie Binsen, kleine Rohrkolben, Fieberklee und natürlich Seerosen wurden von mir gepflanzt, alles andere kam von selbst. Irgendwo im Garten hatte ich als Beigabe eines Staudengeschenks einen Blutweiderich in den Garten gebracht. Der wuchs zwar auch in dieser eher trockenen Umgebung gut, doch schon nach wenigen Jahren suchte er sich den Lieblingsplatz am Teichufer. Meine Frau meint zwar immer, das sei »zu viel Natur« und »zu wenig Ordnung«. Ich konnte mich aber bisher durchsetzen, wohl deshalb, weil nicht nur Pflanzen den Teich eroberten, sondern auch viele Tiere. In den ersten Jahren Hunderte Kröten – die nun aus noch nicht ganz geklärten Umständen fast völlig verschwunden sind – und auch einige Ringelnattern. Und genau die sind zum Wächter für den Teich geworden, denn »Schlangen« kann meine Frau ganz und gar nicht ausstehen. Auch wenn ich ihr immer wieder erkläre, dass es ja gar keine Schlange ist und dass genau diese Ringelnattern dafür sorgen, dass wir weniger Schneckenprobleme haben.

Apropos Schnecken: Die »gepflanzte Natur« war wahrscheinlich der größte Feind, denn in der Wildsträucherhecke ließ ich über die Jahre das Laub liegen und schuf damit ein dickes, warmes Polster für viele Laufkäfer. Und die sind wieder große Schneckenvertilger.

Dass »Natur« auch für Nichtnaturgärtner attraktiv sein kann, beweist für mich mein Sanddorn bei der Garage. Er war durch Zufall auf einer kleinen Grüninsel neben dem Garagentor als wirklicher Winzling gleich im ersten Jahr gepflanzt worden. Eigentlich sollte er dort nur ein wenig Grün ins gepflasterte Grau bringen. Ton in Ton mit seinen graugrünen Blättern. Über die Jahre und durch regelmäßigen Schnitt entstand daraus aber ein richtiger Baum mit einem Stammdurchmesser von gut 20 Zentimetern. Damit er durch die einseitige Belastung nicht umfällt, musste ich ihn sogar mit einem Seil an den Dachstuhl anbinden. Geschnitten wird er nach wie vor, möglicherweise auch einmal radikaler, aber das muss wohl meine Frau energisch fordern …

Von den Blumenwiesen war in diesem Buch schon viel zu lesen, wirkliche Blumenoasen sind für mich aber die Frühlingsblüher. Unter der Haselnuss, direkt beim Bachlauf, sind über die Jahre Hunderte Schneeglöckchen, Leberblümchen, Vorfrühlingsalpenveilchen, Anemonen und viele andere Frühlingsboten

GANZ UNTEN
Kein Unkraut! Das Scharbockskraut ist ein Vitamin-C-Lieferant im zeitigen Frühjahr. Ab Blühbeginn ist die Konzentration zu hoch und dann eher giftig.

UNTEN
Herbstzeitlose sind die letzten Farbtupfer im Garten. Im Frühjahr erscheinen dann die gewaltigen Blätter – hochgiftig, aber eine wichtige Herbstpflanze.

OBEN
Der naturnaheste Bereich des Gartens: ein künstliches Biotop, das aber nach 20 Jahren fast echt aussieht. Die Bewohner: Moderlieschen, Ringelnattern und Kröten.

RECHTE SEITE OBEN
Ein Farbenrausch im Herbst: das Gartenhaus, im Salzkammergut Salettl genannt, umgeben von herrlich färbenden Gehölzen.

RECHTE SEITE UNTEN
Bei sommerlichem Sonnenschein ist der Platz unter der Trauerulme gefragt, regnet es, geht's ins Gartenhaus.

gesetzt worden. Auch ein paar Bärlauchpflänzchen – die mir nun schon fast zu viel wuchern, aber so ist das halt in der Natur. Der Blütenteppich unter der laublosen Haselnuss, die mit ihren dicken, teilweise mit Efeu bewachsenen Äste einen wunderschönen Kontrast bildet, ist aber für mich immer der Höhepunkt im Frühlingsgarten. An vielen Stellen habe ich diese Art der bunten Zwiebelblumen-Bepflanzung nun nachgemacht: überall unter meinen Wildsträuchern quillen im Frühjahr Narzissen & Co. hervor. Das ist für mich Natur – freilich aus zweiter Hand.

DIE GEHÖLZE

DER REIZ DER VIELFALT

»Der Garten kommt nach dem Hausbau«, so heißt es oft! Bei uns war das nicht ganz so, denn der Teich war fertig, ehe der Rohbau stand. Linde, Eiche und eine Föhre als Sichtschutz für einen gegenüberliegenden Wohnblock wurden auch vor Hausbaubeginn gesetzt – aber dann war die Brieftasche leer und der Vorteil des Naturgärtnerns wurde so richtig spürbar.

Ich wollte unbedingt meinen 2500 Quadratmeter großen Garten mit viel Natur umgeben. So war klar, dass eine Wildsträucherhecke den Garten umrahmen sollte, und die kam für meine Frau, die die Finanzen überwacht, ganz willkommen. Wildsträucher sind nämlich extrem preisgünstig. Im Herbst setzte ich damals die wurzelnackten Sträucher. Von Traubenkirsche über Pfaffenhütchen bis hin zu Kornelkirsche, Haselnuss, Weiden und natürlich Sanddorn und Schlehe. Damit es dazwischen auch richtig blüht, habe ich einige Flieder, Pfeifensträucher und Forsythien gepflanzt. Obwohl diese freiwachsende Hecke weit über 60 Meter lang war und in Doppelreihe gesetzt wurde, hielten sich die Kosten in Grenzen. Drei Jahre später waren daraus schon stattliche Sträucher

RECHTE SEITE
Nicht alltägliche Gehölze findet man in diesem Garten an allen Ecken und Enden: Der Judasbaum fühlt sich im Schotterbett beim Eingang sichtlich wohl.

Liebe Gartenfreunde!
Dieser Garten ist an einigen Tagen im
Jahr für Gruppen geöffnet.
Die übrige Zeit ist er unser
Privatgarten.
Bitte beachten Sie die
PRIVATSPHÄRE.

geworden, nun sind sie – nach knapp 20 Jahren – schon mehrmals kräftig gestutzt worden. Damit verjüngen sie sich und bleiben auch im unteren Bereich dicht.

Freilich kann ich, als großer Pflanzenliebhaber, auch bei den Gehölzen der Vielfalt nicht widerstehen. Immer neue, immer ausgefallenere Gehölze landeten so in meinem Garten. Als absoluter Liebling steht der Lebkuchenbaum *(Cercidiphyllum japonicum)* an der Spitze. Sein relativ kompaktes Wachstum mit meist vier bis fünf Stämmen, sein silbrig-grünes Laub und dann die herrliche sonnengelbe Herbstfärbung! Aber damit nicht genug – es ist der Duft, der mich so begeistert, denn fällt das Laub im Herbst zu Boden, dann riecht es im Umkreis von 10 Metern nach Lebkuchen! Darum ist der Herbst nun eine Lieblingsjahreszeit von mir geworden. Zum Beispiel auch wegen des »Sieben Söhne des Himmels«-Strauch *(Heptacodium miconioides)*. Er blüht erst gegen Ende des Sommers, hat fantastisch duftende Blüten und schmückt sich schon kurze Zeit danach mit herrlichen Beeren.

Keine normale Forsythie – sie kam im Koffer aus England mit –, die Blätter sind gelb-grün panaschiert. So ist es auch im Sommer ein besonderer Blickpunkt.

Das Schwärmen hat aber noch kein Ende: neben so »Alltäglichem« wie der Korkenzieherhasel findet man bei mir im Garten den Zimtahorn, der mit seiner eindrucksvollen Rinde vor allem im Winter ein Schmuckstück ist, aber leider ein wenig zu schattig steht und so nicht die volle Pracht erreicht. Im späten Frühjahr ist der Schneeglöckchenbaum *(Halesia carolina)* immer eine Überraschung für Gartenbesucher: In erster Linie wegen des »carolina« gepflanzt, heißt doch meine Tochter so, sind die Hunderte weißer, schneeglöckchengleicher Blüten entlang der Äste für Gartenbesucher ein Grund, nicht bloß die alltäglichen Gehölze in den Garten zu holen. Gleich daneben – die Scheinkamelie. Sie blüht zwar nicht übermäßig stark, aber doch interessant, vor allem deshalb, weil ich die (echte) Kamelie *(Camelia japonica, C. sasanqua* etc.) ganz besonders ins Herz geschlossen habe. Sie ist zwar bei uns nicht winterhart und muss Jahr für Jahr »rein« und »raus« gebracht werden, doch im Gewächshaus und im (frostfreien) Hof sind diese Blüten ab Ende Januar der Start ins neue Gartenjahr.

Unser Garten ist – das haben Sie sicherlich schon bemerkt – ein Kompromiss zwischen Sammlerleidenschaft und Nutzgarten. Meine Frau ist immer bedacht, dass Letzterer nicht zu kurz kommt, und so sind viele Gehölze dabei, bei denen Zierde und Nutzen gut zu kombinieren sind. So normale Sträucher wie Holunder (natürlich die beste Fruchtsorte, die es gibt: 'Haschberg'), aber auch in zahlreichen Zierformen mit roten, gelben oder panaschierten Blättern. Alle mit deutlich weniger Ertrag – aber immerhin, sie haben damit eine Standortberechtigung. Oder die Quitte *(Cydonia oblonga)*: Ihre Blüten sind schon herrlich, die großen samtigen Blätter ebenso, kommen aber dann die Früchte (wir haben die Birnenquitte), dann ist der Baum ein Blickpunkt im

OBEN
Die Sternmagnolie läutet das große Blühen ein. Noch ist die Rose beim Gartenhaus kahl, die Vorfreude beginnt aber bereits.

MITTE
Die gelb-grünen Blätter der »Englischen« Forsythie sind besonders an der dunkleren Stelle vorm Wald eine Zierde. Der Bauernjasmin 'Silberregen' liefert den Duft von Wald-Erdbeeren.

UNTEN
Jetzt ist die Pracht vollendet: 'Goldfinch', eine Ramblerrose, hüllt das Dach des Gartenhauses komplett ein – im frühen Sommer mit Blüten, im Herbst mit Hagebutten.

OBEN
Blickpunkte schaffen – die Scheinkamelie (Stewartia pseudocamelia) *mit ihrem feuerroten Laub fühlt sich im kalkfreien Moor besonders wohl.*

LINKE SEITE
Ein Sitzplatz für Verliebte: Unter dem zu einem Torbogen gezogenen Goldregen kann das Träumen vom Paradies beginnen.

Garten und ein Treffpunkt von Gattin und Tochter, denn beide lieben das Quittenmus, und so ist der Baum immer rasch abgeerntet.

Gleich daneben einer der größten Vitaminspender, die es gibt – die Mispel *(Mespilus germanica)*. Auch sie blüht herrlich, wächst nicht allzu stark und liefert Früchte über Früchte. Mit dem höchsten Vitamin-C-Anteil, den man sich vorstellen kann. Aber! Keiner will sie, kann man sie doch erst nach dem Frost ernten und schmecken die Früchte wie zu weich gewordene, leicht angefaulte Birnen. Für mich und meine Familie jedenfalls. Und so werden diese drei bis vier Steigen Früchte immer zum Tauschobjekt mit befreundeten Gärtnerinnen, die daraus köstliche Marmelade machen. Im Gegenzug gibt's Tomaten-Chutneys, Senfgurken usw.

ERNTEFREUDEN

SCHÖNHEITEN, DIE MAN ESSEN KANN

Wo endet die Zierde und wo beginnt die Ernte? Diese Einteilung gibt es nicht, denn alles ist dekorativ, wenn man die Pflanzen nur richtig platziert. Das Weinspalier als jüngstes Kind oder die Säulenobst-»Plantage« – beide sehen dekorativ aus und liefern köstliche Früchte, genauso wie die traditionelle Streuobstwiese mit den Blumen im Frühjahr und den Äpfeln, Birnen (noch nicht sehr viele) und Kirschen (wenn uns die Vögel welche überlassen) zur Erntezeit.

Der wichtigste Teil der Erntefreuden findet aber im Beeren-Naschbereich statt: Was wäre unser Garten ohne die Heidelbeeren – die Gartenheidelbeeren wohlgemerkt, die so köstlich sind, dass sie wochenlang tagtäglich das Ziel der Gartenspaziergänge der ganzen Familie sind. Im Gegensatz zu den Waldheidelbeeren ist der Geschmack freilich ein anderer, aber lässt man die Früchte richtig ausreifen, dann sind sie in Joghurt eine Köstlichkeit. Nicht vergessen sollte man bei den Heidelbeeren eine Vorliebe: saure Erde. Die haben sie bei mir: ein kleines Hochbeet gefüllt mit Ge-

RECHTE SEITE
Ein Garten für Selbstversorger: von Juni bis in den Oktober hinein kommt das Gemüse fast ausschließlich aus dem eigenen Garten auf den Tisch.

Der Genuss ist in Etagen gepflanzt – unten blühen die Erdbeeren der Sorte 'Mieze Schindler Nova' und ein Stockwerk höher die Johannisbeeren – in Österreich liebevoll Ribisel genannt.

hölzschnitt, Lauberdekompost und ein wenig grobfasrigen Torf, gemischt mit Sägespänen und natürlich ausreichend organischem Rhododendrondünger. So wachsen die Pflanzen perfekt.

Der Garten ist kein Selbstversorgergarten, aber es gelingt uns doch, in der Zeit von Juni bis Oktober praktisch ohne Zukauf von Gemüse zu leben. Am wichtigsten sind dabei die Salate – in allen Formen: Pflücksalate haben sich bei uns am besten bewährt, denn der traditionelle Kopfsalat ist relativ spät zu ernten und dann im Übermaß vorhanden.

So setze ich Eichblatt & Co. meist sehr dicht in Reihen und ernte schon die ersten Blätter nach einigen Wochen. Bis zu zwei, drei Monate liefert so ein Beet dann den Rohstoff für unser Sommer-Lieblingsessen: Salat.

Freilich mit dabei dann Gurken und Tomaten – in Hülle und Fülle, denn beim Aussäen und Pflanzenkauf auf Raritätenmärkten sind die Augen immer größer als Garten und Gewächshaus. Dennoch schaffe ich es irgendwie doch immer, und so stehen die Pflanzen im Glashaus in Reih und Glied und liefern ab Juli Früchte über Früchte. Was nicht roh verarbeitet wird, kommt als Mark in den Tiefkühlschrank. Da werden dann die langen Wintertage mit dem herrlichen Aroma einer selbstgeernteten »Paradeiser«-Suppe deutlich verkürzt.

Kein echter Garten ohne Hochbeet – Salat, Kohlrabi, Sellerie und Fenchel stehen dicht an dicht und gedeihen in der humosen Erde prächtig.

Ganz wichtig sind natürlich in einem Küchengarten die Kräuter. Da zumeist meine Frau die Kochlöffel schwingt, hat sie auch das Recht, den Standort für die »schnelle« Ernte zu bestimmen. Der Gemüsegarten ist zu weit weg gewesen, daher stehen Schnittlauch, Petersilie und Rosmarin in Töpfen im Ruinengarten auf einer kleinen Ziegelmauer. Sie wuchern zwar nicht wirklich, aber das Aroma ist perfekt. Vielleicht tut ihnen der karge Standort, an dem wir von Zeit zu Zeit auch das Gießen vergessen, ganz gut.

Die größten Ernten fahren wir natürlich im Hochbeet ein. Im ersten Jahr war die Sellerie-Ernte so gewaltig, dass wir bis in den Dezember hinein immer wieder einmal köstliche Suppe davon bekamen. Manchmal auch mit Apfel gemischt. Ein Versuch, der sich lohnt. Und ganz wichtig – niemals zum »Verfeinern« Schlagobers (Sahne) verwenden. Das sind bloß Kalorien und die Suppe wird so sättigend, dass man nichts anderes mehr mag. Kartoffeln hineinpürieren macht die Selleriesuppe ebenso sämig und weniger sättigend. Aber da sind wir vom Garten schon zu weit in die Küche gekommen – gibt es doch in unserem Paradies noch einige Erntefreuden.

Und weiter mit den Beeren – diesmal die Himbeeren: mit den sommertragenden hatten wir in den ersten Jahren tolle Ernten, bis das Rutensterben sich breit machte und der Frust wuchs und

wuchs. Zuerst hegen und pflegen – kommen dann die Früchte, dann sterben die Äste ab. Daher sind wir seit vielen Jahren nun Fans der herbsttragenden Himbeeren. Die Sorte 'Autumn Bliss' gehört mit zu den besten. Sie sind leicht zu pflegen und liefern köstliche Früchte bis in den Spätherbst, in milden Jahren sogar bis in den November! Mit dem zweiten großen Vorteil (neben der nicht vorhandenen Rutenkrankheit): die absolute Wurmfreiheit! Denn, wenn die Herbsthimbeere blüht, gibt es keine Himbeerblütenstecher mehr.

Gleich daneben – die zweite Köstlichkeit in diesem Beet: Brombeeren. Vielen sind sie zu sauer, doch ist da oft nur ein zu früher Zeitpunkt beim Ernten gewählt worden. Und noch etwas macht den Gartlerinnen und Gartlern zu schaffen – das unbändige Wachstum. Daher hat sich unser 3,50 Meter hohes Spalier mit vier Drahtseilen als Gerüst perfekt bewährt. Fünf bis sechs der langen Triebe werden an den Seilen festgebunden, blühen, fruchten und werden im Herbst abgeschnitten. Inzwischen sind die neuen Triebe gewachsen, die die alten ersetzen. Die Sorte 'Navaho' ist bei uns gepflanzt, sie ist dornenlos und liefert reichlich Früchte.

Die Ernteansprüche sind in der Familie recht unterschiedlich: ich bin der jenige, der gern probiert, Frau und Tochter dagegen lieben das Traditionelle. Dennoch habe ich mich vor einigen Jahren durchgesetzt und die »Bayern-Kiwi« gepflanzt. Diese selbstfruchtende, kleinfrüchtige Sorte *(Actinidia arguta* 'Jenny') liefert Früchte, die nur etwas größer wurden als eine Stachelbeere. In den ersten drei Jahren war der Ertrag beinah zu vergessen, im vierten Jahr allerdings kam doch ein kleiner Kübel zustande. Einige Zeit stand die Schale mit den Früchten in der Küche, ehe sich meine Tochter interessehalber über diese »komischen Stachelbeeren« hermachte. Und siehe da – die Begeisterung war so groß, dass natürlich gleich die Frage aufkam: »Warum haben wir davon nicht mehr?« Kommt schon – die Pflanze wächst kräftig und soll noch viel, viel mehr Ertrag bringen.

Dass die Augen manchmal größer sind als der Garten, habe ich schon oft erwähnt – bei einem speziellen Baum werde ich aber von meiner Frau nicht gerügt, wenn ich wieder »eine ganz besondere« Sorte in den Garten hole: bei der Marille (Aprikose). Mittlerweile stehen fünf Bäume als Spalier im Garten – drei an der Hauswand gepflanzt, einer beim Säulenobst und einer im Topf – weil absolut kein Platz mehr vorhanden ist. Zwei von ihnen gehören zur Sorte der schmackhaften 'Ungarischen Beste', wobei eine an der Nordostwand der Garage steht und am gesündesten wächst und niemals Probleme mit einem Spätfrost hat. Baum drei steht an der Westseite und ist ein Versuchsbaum mit einigen neuen und bewährten Sorten – gepfropft auf einer 'Ungarischen Beste', die ich immer wieder im Zaum halten muss, damit sie die anderen

OBEN
Jedes Jahr ein anderer Versuch: Kartoffeln werden im Topf gezogen – hier die alte Sorte 'Salad blue' mit leicht nussigem Geschmack.

GANZ OBEN
Glockenpaprika sehen nicht nur gut aus, sie schmecken auch – allerdings haben sie ein wenig Schärfe.

LINKE SEITE OBEN
Eine Blumenpyramide als Geschenk zum Geburtstag wurde kurzerhand zur Erdbeerpyramide.

LINKE SEITE UNTEN
Mischkultur ist das Grundprinzip des Biogartens – Blumen und Gemüse in trauter Einigkeit.

GANZ OBEN RECHTS
Kirschen am Spalier – leicht zu ernten und zu pflegen.

OBEN RECHTS
Apfelernte in Augenhöhe – die Säulenäpfel, die seit einigen Jahren im Garten stehen, liefern schon saftige Früchte.

RECHTS
Am Kompost gedeihen die Kürbisse – so viele, dass auch immer wieder Freunde und Bekannte damit versorgt werden.

Ein Beerentraum frisch aus dem Garten: Himbeeren ('Autumn Bliss'), Brombeeren ('Navaho') und Heidelbeeren ('Blue Crop') – so köstlich ist das Garteln!

In England entdeckt: Mistbeetfenster, die mit einer Kette aufgespreizt werden. Hier drinnen fühlen sich die Zucchini wohl.

Sorten nicht überwuchert. Baum vier ist ein ganz junger Gast – noch im großen Topf: 'Kyoto' ist robust, schmackhaft und liefert seit drei Jahren im 80-Zentimeter-Topf köstliche Früchte – nicht ganz so »marmeladig« wie die 'Ungarische Beste', aber hervorragend für Marillenknödel, wie meine Frau bei den Führungen immer anmerkt. Der letzten Baum muss vermutlich zum Säulenobstbaum werden (obwohl er laut Beschreibung breitkronig wachsen möchte), denn er ist zwischen die schlanken Apfelbäume gesetzt worden und gilt als der derzeit robusteste: 'Kuresia' heißt die Sorte, fruchtet rasch und ist resistent gegen die gefürchtete Scharkakrankheit.

Als Journalist bin ich natürlich immer wieder auf der Suche nach Neuem: der Kartoffel-Topf war so eine Innovation, die vor einigen Jahren erstmals durch die Medien geisterte. Zunächst versuchte ich es mit einem großen Topf und ganz traditionellen Kartoffeln aus dem Gartencenter. Der Erfolg war großartig: aus den fünf Knollen wurde ein ganzer Kübel. Und so startete ich in den folgenden Jahren durch und bepflanzte mehr als ein Dutzend Töpfe mit alten und seltenen Sorten: von den 'Bamberger Hörnchen' bis zur 'La Ratte'. Bei manchen war die Ernte enorm, bei anderen waren weniger im Erntekorb, als gepflanzt wurden. Allerdings waren die Witterungsverhältnisse alles andere als gut: regnerisch,

kühl und zuletzt auch noch ein Hagel, der den Pflanzen den Garaus machte und eine viel zu frühe Ernte einleitete.

Eine der wichtigsten Früchte im Garten ist die »größte Beere« der Erde – der Kürbis. Er wird Jahr für Jahr auf den Komposthaufen gepflanzt und erobert innerhalb weniger Wochen die kleine Erdfabrik. Nummer 1 unter den Kürbissen ist 'Hokkaido' – dieser Kürbis, den »auch noch eine Frau verarbeiten kann«, wie meine Ulli immer anmerkt. Denn alle anderen sind nur mit Bogensäge oder Axt zu zerteilen. Dieser »nussig« schmeckende Hokkaido kann aber sogar mit der Schale verwendet werden und liefert gleich eine sämige und geschmacklich einzigartige Suppe. Einige andere Kürbis-Sorten sind aber auch immer wieder dabei – denn auch hier muss ich ausprobieren und die vielen Probeportionen an Saatgut verwenden. Meist mit der finalen Erkenntnis: der Hokkaido schmeckt am besten.

Naschen erlaubt. Ob sonnengereiftes Obst, köstliche Trauben oder frische Beeren – ein Rundgang durch den Garten ist ein genussvolles Erlebnis.

SAMMLERSTÜCKE

DEKORATIVES UND BOTANISCHES

Was sammeln sie? Eine Frage, die ich gar nicht gern beantworte – denn die Liste ist endlos. Ja – ich bin Sammler. Oder besser, wir sind Sammler. Meine Frau liebt vor allem alte Dinge vom Trödlerladen, aber noch lieber vom Sperrmüll. Und so sammelte sich über die Jahre viel Krimskrams an, der freilich großteils genutzt wird: als Deko im Garten.

Bei mir sind eine Leidenschaft Bücher – vor allem Gartenbücher. Und die Bibliothek, die so entstanden ist, umfasst nun gut 5000 Exemplare. Gezählt habe ich sie nicht, aber getragen, denn vor Kurzem übersiedelte ich mit Arbeitszimmer und Bücherregalen in ein neues Atelier im Dachgeschoss. Dort füllen die Gartenbücher – schön sortiert nach Themen – die Wände.

Und im Garten – da sammle ich als begeisterter Blumenliebhaber fast alles … Beginnen wir bei meinen wichtigsten Lieblingen, den Cyclamen. Sie standen ganz am Beginn meiner Gartenlaufbahn. Denn der Gärtner, bei dem ich schon als kleiner Bub nach der Schule vorbeischaute, war ein Alpenveilchen-Züchter. So

RECHTE SEITE
Frühlingszeit beim Eingangsbeet: Vergissmeinnicht und Tränendes Herz schmücken die Blätter der Steppenkerze, die erst einige Wochen später blühen.

lernte ich diese Pflanzen in allen Varianten kennen. Bei meinen ersten Englandreisen gingen mir dann die Augen über – eine kleine Gärtnerei, in der es nur Cyclamen gab. Alle Wildsorten aus Griechenland, Persien, Libanon usw. Seither ist die Liebe noch ein Stück größer geworden und die Sammlung mit dazu. Wobei ich die heimischen *Cyclamen purpurascens* am innigsten ins Herz geschlossen habe. Im ganzen Garten blühen sie und duften am Ende des Sommers ganz fantastisch.

Dann darf die zweite große Liebe nicht vergessen werden: die Pelargonien. Auch sie standen sehr früh auf der Wunschliste ganz oben. Eine Reise nach Südafrika vor einigen Jahren löste schließlich eine regelrechte Sammelwut aus – und so sind es nun weit über 150 Sorten und Arten, die da in meinem Gewächshaus stehen und blühen. Wobei auch hier die Duftenden ganz oben in der Hitliste zu finden sind. Pelargonien mit Kokosnussduft! Oder Pelargonien mit Pfefferduft?

Trübe Samstage sind meine Gewächshaustage. Da putze ich die Pflanzen durch, schneide zurück, vermehre ein wenig und erfreue mich an dem herrlichen Duft.

Lieblinge von mir sind auch die Kamelien – ihre Blüten am Ende des Winters gehören zu den schönsten im Pflanzenreich. Auch hier wieder besonders beliebt – die duftenden Blüten. Da gibt es zwar nur einige wenige, die sind dafür umso schöner, wenn sie ab Mitte Februar im Gewächshaus ihren Duft verströmen, meist zeitgleich mit den ersten Blüten der *Citrus*-Pflanzen. Auch hier habe ich knapp zwei Dutzend im Lauf der Jahre gesammelt. Manche gingen verloren – so auch der allererste *Citrus*. Der wurde vor mehr als 25 Jahren im Camping-Kleiderkasten geschmuggelt, denn damals war Österreich noch nicht in der EU und so waren alle Pflanzenimporte verboten. Doch der Orangenbaum gedieh prächtig – bis ich ihn vor zwei Jahren im Winter offenbar »zu trocken« hielt ... Bei den *Citrus* steht nicht nur die Zierde im Mittelpunkt, sondern auch der Nutzen: die Zitronen werden immer verwendet – sind sie doch alle vollbiologisch gezogen und damit noch eine Spur köstlicher als die gekauften.

Sammelleidenschaften entstehen meist durch »Liebe auf den ersten Blick«. Relativ aktuell ist die Vorliebe für die frühesten Blüher in meinem Garten – die Schneeglöckchen. Auf meinen Gartenreisen nach England habe ich zum ersten Mal die seltenen herbstblühenden *Galanthus*-Arten entdeckt und mitgenommen. Es war Liebe auf den ersten Blick und damit verbunden war natürlich auch eine neue Sammelwut. Allerdings eine gebremste, denn wer sich unter den Galantophilen herumtreibt, erkennt bald: die Preise sind ins Unermessliche gestiegen. Ein Zwiebelchen für 300 € gibt es da bei Sammlertagen zu kaufen – wenn es überhaupt verkauft wird.

OBEN

Die Sammelleidenschaft ist nicht zu übersehen. Mehr als 100 Tibetorchideeen (Pleione) findet man im Schatten in einem Tischbeet hinter der Garage.

MITTE

Topf an Topf stehen sie eingefüttert in grober Pinienrinde und überraschen Jahr für Jahr im zeitigen Frühjahr mit eindrucksvollen Blüten. Den Winter verbringen die Pflanzen frostfrei im Hof.

UNTEN

Immer wieder entdeckt man Nicht-Alltägliches: Die herbstblühende Abessinische Gladiole (Gladiolus callianthus) *ist eine der vielen Raritäten, die in Töpfen kultiviert wird.*

LINKE SEITE OBEN

Ein Bildstock beim Teich bildet einen der in einem Garten so wichtigen Blickpunkte: Nicht nur Pflanzen gehören zum Garten, auch die Dekoration.

LINKE SEITE UNTEN

Die Steinsäule mit der Urne ist das Ende der Blickachse direkt vom Haus getreu dem Motto: Jeder Weg benötigt ein Ziel.

Staudenbeete ändern nicht nur im Jahresverlauf ihr Gesicht, auch über die Jahre dominieren plötzlich Pflanzen: die Gold-Wolfsmilch (Euphorbia polychroma) *ist aber gern gesehen.*

Für mich zählt hier, wie bei allen Pflanzen, die ich in meinen Garten oder mein Gewächshaus hole: sie müssen mir gefallen und sie müssen sich deutlich unterscheiden. Ob da ein grüner Punkt am Blütenblatt zu finden ist oder nicht, ist mir egal. Aber gefüllt blühende Schneeglöckchen mit gelben Blütenrändern, die öffnen mein Herz (und meine Brieftasche). Geschafft habe ich es leider noch nicht, an einem der Schneeglöckchensammlertreffen in England oder Deutschland teilzunehmen, die im Februar stattfinden. In Reagenzgläsern stehen dann die zarten Blüten und werden von allen Seiten begutachtet. Mir sind meine Sammlerstücke unter der Haselnuss aber auch deutlich lieber. In Partnerschaft mit den Leberblümchen stehen sie dort und läuten das Gartenjahr ein. Apropos Leberblümchen: auch sie gehören zu den Lieblingen und gedeihen mittlerweile an allen Ecken und Enden. Besonders wohl fühlen sie sich unter den Wildsträuchern und im Schatten einer Eibenhecke. Und da blühen sie nicht nur in den unterschiedlichsten Blautönen, sondern auch in Weiß und Rosa und – was besonders schön ist – auch in gefüllten Formen.

Und weil wir schon unter den Gehölzen nach den Sammlerstücken suchen, dort stehen auch die Schneerosen. Ihre Blüten im Spätwinter sind die wahren Glücksbringer, denn damit ist für mich Jahr für Jahr klar: jetzt beginnt ein neues Gartenjahr. Viel

OBEN
*Der Ausbreitungsdrang ist manchmal zu groß, dennoch ist die Staude eine stattliche Schönheit: der Alant (*Inula helenium*) eine alte Heilpflanze, sollte in keinem Garten fehlen.*

OBEN MITTE
Rosa hugonis, *die Chinesische Goldrose, gehört zu den frühesten Rosenblühern. Ihre einfache Blüten geben Insekten Nektar und sind im Mai eine Zierde im Garten.*

GANZ OBEN
Eine namenlose orientalische Lenzrose – ob Zufallssämling im Garten oder in einer Raritätengärtnerei gekauft, lässt sich bei manchen Pflanzen nicht mehr sagen.

OBEN
Ganz und gar nicht Naturgarten, aber Zeichen eines Pflanzenliebhabers – die Rhododendren wachsen in viel Lauberdekompost und werden jährlich zwei Mal mit organischem Rhodendrondünger gedüngt.

OBEN MITTE
Kompost und organischen Rosendünger im Frühjahr, und wenn es der Gärtner nicht vergisst, ein paar Mal mit Schachtelhalmextrakt übersprühen – das bekommen die Rosen beim Biogärtner.

GANZ OBEN
*Die Strauch- oder Baumpfingstrose (*Paeonia suffruticosa*) steht im Halbschatten hinter dem Haselnussstrauch, blüht aber dennoch Jahr für Jahr.*

OBEN
Malven säen sich im ganzen Garten aus – ganz einfach deshalb, weil mit dem Kompost die Samen gleichmäßig verteilt werden.

UNTEN
Der Gewürzstrauch (Calycanthus floridus) steht direkt am Waldrand. Er wächst dort nicht ganz so kräftig, der Duft der Blüten ist aber dennoch betörend.

OBEN
Die Strauchpfingstrose überrascht Jahr für Jahr mit ihrer Größe und den kräftigen Blütenfarben.

UNTEN
»Asperl« heißen die Mispeln in Österreich. Der Geschmack der Früchte ist nicht jedermanns Sache – dennoch steht fest: Sie haben viel Vitamin C.

besser als Schneerose gefällt mir übrigens der Name »Lenzrose«. *Helleborus* sind sie alle. Bei uns heimisch ist *H. nigra*. Mit ihren weißen Blüten verschönt sie als Christrose den Weihnachtstisch und Jahr für Jahr kommen so ein paar Exemplare mehr in den Garten.

Die Zierde der »Stinkenden Nieswurz« ist weniger die Blüte als die Blätter. »Palmblatt-Schneerose« finde ich den besten deutschen Namen. Einige wenige Pflanzen habe ich bei mir im Garten gesetzt, aber über die Jahre sind daraus einige hundert geworden. Sie wachsen sowohl im Schatten als auch in der Sonne. Gedeihen selbst auf dem schmalen Schotterstreifen zwischen Gartenzaun und Asphalt-Zufahrt und ziehen die Blicke der Besucher auf sich. Eine besonders dankbare »Grünpflanze«, die – dank der giftigen (stinkenden) Wurzeln – auch von den Wühlmäusen gemieden wird.

Eine Pflanze gehört unbedingt zu den Sammlerstücken: die Erdorchidee, auch Tibetorchidee genannt. Pleionen verzücken mich durch ihre herrlichen Blüten, die im zeitigen Frühjahr aus dem Nichts erscheinen – ganz ohne Blatt und mit gewaltiger Schönheit. An die 150 Arten und Sorten stehen bei mir in einem Tischbeet hinter der Garage im Schatten. Alljährlich werden sie im Frühjahr aufgestellt, in Rinde eingefüttert und dann beginnt das große Blühen. Im Herbst – vor dem ersten Frost – kommen sie in den Hof, wo es niemals weniger als null Grad wird.

OBEN
Die »Mini-Kiwi« (Actinidia arguta) *ist extrem frosthart, bekommt aber im Herbst dennoch einen Kali-Dünger. Damit es Früchte gibt, braucht man weibliche und männliche Pflanzen.*

GEWÄCHSHAUSLUST

RARITÄTEN UNTER GLAS

Was wäre ein Garten ohne Gewächshaus. Schon als Kind hatte ich mir daheim im elterlichen Garten ein kleines Foliengewächshaus gebaut, später wurde, weil die Heizkosten explodierten, daraus ein festgebautes Holz-Alu-Glashaus. Als ich vor 20 Jahren das jetzige Wohnhaus baute, war klar – ich brauche wieder ein Glashaus. So entstand zunächst ein 12 Quadratmeter großes Lärchenholz-Gewächshaus, selbst gebaut in der Tischlerei. Es war der Beginn einer Leidenschaft, die noch immer nicht zu Ende ist. Damals war klar: wenn Gewächshaus, dann beheizt. Also wurde eine lange Fernwärmeleitung vom Heizkeller des Hauses zum Glashaus gelegt. Die Steuerung baute ich mit einem Onkel, und alle Jahre wurde es im Herbst in dicke Noppenfolie gehüllt. Mehr als zehn Jahre war dieses Glashaus die Kinderstube für alle meine Gemüsepflanzen und Balkonblumen. Überwintert wurden darin die Kübelpflanzen – jedenfalls diejenigen, die Licht und Wärme benötigen. Der Rest wurde immer mühevoll in den Keller geschleppt.

RECHTE SEITE
Paradeiser in Hülle und Fülle. Des Österreichers liebstes Gemüse darf auch im Ploberger Glashaus nicht fehlen. Sehr oft werden alte Tomatensorten ausgepflanzt.

OBEN
Leere Töpfe mit Schotter? Nein! Hier schlummern Dutzende Herbst-Cyclamen, die auf ihren großen Auftritt im Spätsommer warten.

Irgendwann waren die Schäden durch Fäulnis aber nicht mehr zu reparieren, und so entschloss ich mich, ein »richtiges« Glashaus zu bauen – so wie ich sie auf den Englandreisen da und dort gesehen habe. Erste Angebote aus England schienen das Projekt fast schon zum Scheitern verurteilt zu haben – meine »Finanzministerin« streikte … Noch dazu stimmte die Qualität nicht: das Glas war nicht isoliert, es gab keine Dichtungen und vor allem auch keine automatische Steuerung der Lüftung und Heizung.

Da lernte ich durch Zufall einen österreichischen Gewächshausbauer kennen. Er errichtet für die Gärtner im Lande die herkömmlichen Stahl-Alu-Profi-Gewächshäuser. So gar nicht das, was ich mir vorstellte. Aber er zeigte sich interessiert an meinem »englischen« Modell und machte ein Angebot – auch nicht billig, aber in toller Qualität. Mit Profi-Lüftung, Schattierung, Thermoglas und mit steilem Dach und in grüner Farbe.

Der Bau ging problemlos vor sich, und dann war er da: mein Glaspalast – mit seinen 50 Quadratmetern ein Paradies. Vor allem auch energietechnisch, denn ich benötigte interessanterweise nicht mehr Heizenergie als in meinem Mini-Holz-Gewächshaus. Die beiden Klimazonen im neuen Haus füllten sich rasch – alle Kübelpflanzen sind nun in diesem Gewächshaus, und im Sommer wachsen darin die Tomaten und Gurken. Garteln rund ums Jahr – jetzt war mein Gartentraum vollendet. Der hat als Jugendlicher mit dem Buch *Sonntagsgärtner unter Glas* von Karlheinz Hanisch begonnen. Darin schilderte er in humorigen Worten, wie er Orchideen, Kakteen oder andere empfindliche Pflanzen zog, erläuterte die Technik dahinter und schaffte es, in mir eine Leidenschaft fürs Glashaus-Gärtnern auszulösen.

Diese Leidenschaft, die glüht noch immer: allein der Geruch von Erde an einem Frühlingstag, wenn gerade gegossen wurde,

OBEN UND RECHTS
Kommt überraschend eine Kälteeinbruch, dann müssen die Tibetorchideen unter Glas – Frost vertragen sie nicht, genau so wie die Kartoffeln, die in Töpfen gezogen werden (rechts), und bis Mai im Schutz des Mistbeets stehen.

UNTEN
Es gibt keine automatische Bewässerung, denn nur wer immer wieder seine Pflanzen beim Gießen »begrüßt«, weiß, ob sie Dünger oder Hilfe bei Schädlingen benötigen.

ist unbeschreiblich. Oder ein eiskalter, aber sonniger Februartag: drinnen blühen die Orangen und Kamelien. Die Pelargonien öffnen schon die ersten Blüten und Strauchbasilikum & Co. liefern die Würze für die Küche. Sie kennen vermutlich den Spruch: »Das Leben beginnt mit dem Tag, an dem du einen Garten angelegt hast.« Ich meine, es müsste heißen: »Das Leben wird erst lebenswert, wenn du ein Gewächshaus betreuen kannst.«

Mich führt daher der Besuch eines botanischen Gartens immer zuerst in die Gewächshäuser – ob in Berlin-Dahlem oder in der berühmten englischen Gartenanlage der Königlichen Gartenbaugesellschaft in Wisley. Dort ist bei jedem Besuch das Alpinenhaus eine Pflicht: Wie bei einem Juwelier stehen hier die kostbarsten Schätze unter Glas. Ob Erdorchideen oder *Cyclamen*, ob außergewöhnliche Schneeglöckchen oder auch ganz wertvolle Leberblümchen. Alles ist hier in dem kühlen, schattierten Gewächshaus zu finden. Mein Traumplatz.

OBEN

'Green Zebra' ist eine köstliche Tomate, die fälschlich oft als unreif eingestuft wird.

RECHTS

Die Tomaten für den Salat kommen frisch aus dem Glashaus – besonders die Cocktailtomaten haben einen unvergleichlichen Geschmack.

DER TOPFGÄRTNER

GÄRTNERN AUF KLEINSTEM RAUM

»Jetzt hast du dein eigenes Tonstudio!« Treffender konnte man es gar nicht sagen. Vor einigen Jahren habe ich meine Umtopf-Kammer gebaut, ganz Natur mit viel Holz, aber halbwegs winterfest. Jedenfalls so, dass man für einige Stunden darin auch bei widrigsten Wetterverhältnissen arbeiten kann. Durch meine Jobs bei Radio und Fernsehen und meine vielen Termine war und bin ich oft zu Unzeiten im Garten – und da braucht man ein schützendes Dach. Dieses Umtopf-Kammerl beherbergt aber nicht nur einen großen Arbeitstisch, sondern auch Regale – voll mit Hunderten von Tontöpfen, weil ich nichts mehr hasse als Plastiktöpfe. Und so wurde angesichts der Tontopf-Flut aus dem Umtopf-Kammerl das TON-Studio.

Töpfe gibt es bei mir im Garten generell viele, aus Gründen der Zweckmäßigkeit und der Leidenschaft. Besuche in botanischen Gärten haben mich immer wieder animiert, solche Pflanzensammlungen anzulegen. Begonnen hat es mit den Alpenveilchen über die Pelargonien bis hin zu den Erdorchideen und so weiter.

RECHTE SEITE
Töpfe und Ziegel im sogenannten Ruinengarten – ein wenig erinnert dieser Gartenteil an eine toskanische Landhaus-Idylle.

Alle diese Pflanzen wachsen in Tontöpfen, denn ich bin der absoluten Überzeugung, dass Ton ein viel besseres (und langfristigeres) Topfmaterial ist als Kunststoff. Gießfehler, wie sie bei so vielen Töpfen immer wieder passieren können, werden durch den Ton viel besser ausgeglichen und die Wurzeln können atmen. Würden wir gern ein Leben lang in einem Plastiksackerl ähnlichem Gewand herumlaufen?

Neben den traditionellen Töpfen, die man bei uns im Garten überall findet, gibt es auch zahlreiche Pflanzschalen und Blumenkisterl. Ich bin zwar kein hundertprozentiger Fan des traditionellen Blumenschmucks mit Balkonkästen, die überquellen voller Blumen. Bewundere aber bei vielen Bauernhäusern diese Blütenkaskaden.

Meine Kisterl stehen nur bei den Fenstern in Küche und Bauernstube – natürlich aus Ton, und sie werden etwa drei Mal bepflanzt. Im Frühjahr – je nach Witterung beginnend ab Ende Februar – pflanze ich, die teilweise selbst vorgezogenen und teilweise gekauften Frühlingsboten: Mininarzissen, Hyazinthen, Botanische Tulpen und natürlich die Hornveilchen, die Mini-Stiefmütterchen. Nicht fehlen darf bei diesen Kästen der Efeu, er deckt immer das doch sehr dominierende Tonkisterl ab.

Im Sommer ist die Bepflanzung traditionell, aber doch jedes Jahr anders: einmal viele Duftpelargonien, dann wieder die zarten Blüten der *Gaura* und wieder ein andermal die robusten kleinblütigen Surfinien. Eines aber ist Tradition: das bunt gemischt gepflanzte Kisterl. Denn das hat sich auch in den letzten Jahrzehnten gezeigt: Je nach Witterung leidet die eine oder andere Pflanze und verschwindet. Die anderen nehmen dann – ohne hässliche Lücken zu hinterlassen – diesen Platz ein. Ganz stimmt aber diese jährliche Abwechslung nicht. Ein Kisterl ist von Jahr zu Jahr gleich: der »Duftkasten« beim Terrassensitzplatz. Der ist seit Jahren mit der Vanilleblume *(Heliotrop)* und dem Duftsteinrich *(Alyssum)* bepflanzt. Gerade am Abend verströmen diese beiden Pflanzen einen betörenden Duft.

Tradition hat der Topfgarten auch bei der Eingangstür. Auch hier wird der Saison entsprechend die Pflanzenauswahl gewechselt. Oft sind es hier kleine Kübelpflanzen, die dann vom Gewächshaus herauswandern und als Blickpunkt vorm Haus während der Blütezeit stehen dürfen. Gesehen hab ich das vor vielen, vielen Jahren zum ersten Mal auf einer meiner Gartenreisen nach England. In meinem Lieblingsgarten Great Dixter hat Sir Christopher Lloyd beim Eingang zum Haus die am schönsten blühenden Topfblumen versammelt. Fast täglich anders und neu arrangiert – wie ein Florist.

Im Garten selbst versammeln sich mehrere Amphoren und Vasen aus Stein und Eisen zu den »Topfgärten«, die im Laufe des

OBEN
Kräuter fühlen sich im Ruinengarten wohl. Die Ziegel speichern die Wärme, und so entsteht ein Kleinklima, das im Sommer beinah mediterran ist.

GANZ OBEN
Die Umtopfkammer – im Familiengebrauch »Tonstudio« genannt. Hier kann auch bei schlechter Witterung gegartelt werden.

OBEN
Nutz- und Ziergarten – diese Trennung lässt der Gärtner nicht zu: Kartoffeln stehen im Topf bei der Hausbank.

OBEN MITTE
Kräuter im Topf – die Bequemlichkeit siegt. So ist der Weg zu den würzigen Pflanzen von der Küche am kürzesten.

GANZ OBEN
Und wieder ein kleine Sammlung: Efeu mit den unterschiedlichsten Blattformen und-farben steht geschützt beim Holzschuppen.

Sitzplätze kann man nicht genug haben: dieser Doppelsitz mit Minitisch lädt zu einer Erfrischungspause beim Garteln ein.

Jahres immer wieder umgepflanzt werden. Auch hier gibt es jedes Jahr neue Pflanzideen, die meist ganz zufällig entstehen. Vorgezogene Pflanzen aus mitgebrachten englischen Samen, Ableger von Gartenfreunden oder natürlich auch zugekaufte Sommerblumen füllen dann Jahr für Jahr diese Gefäße. Immer mit dabei – aber das wissen sie schon: der Efeu.

Besonders stolz bin ich übrigens auf eine Amphore, die ich – wieder einmal nach britischem Vorbild – mitten in die Blumenwiese gestellt habe. Sie ist meist der Restpflanzen-Verwerter: Alles, was noch übriggeblieben ist, kommt hier hinein. Mit guter Erde, viel organischem Dünger und ausreichend Wasser wird dann daraus eine der üppigsten Blumenschalen, die es gibt.

Last but not least gehören die Kübelpflanzen zum Regiment der vielen Topfblumen. Ein wenig habe ich mich zwar schon eingebremst, aber die 30, 40 (oder doch weit mehr …) Kübelpflanzen machen Terrasse und Garagenvorplatz zu einem Stück Italien.

Besonders die Zitruspflanzen haben es mir angetan. Vor Jahren habe ich da schon eine kleine Sammlung begonnen, und alle haben sich enorm entwickelt. Nicht zuletzt durch die Tipps, die ich bei den vielen Interviews und Gesprächen mit Profi-Gärtnern bekommen habe: düngen, düngen und nochmals düngen. Und das mache

»Wie im Film«, meinen Besucher, wenn sie den von uns Ruinengarten genannten Sitzplatz entdecken. Aber er ist Realität: hier wird gefeiert und das Leben genossen.

ich: neben organischer Grunddüngung bekommen die Orangen, Zitronen, Mandarinen in der Hauptwachstumszeit jede Woche zwei Mal Dünger. Die Ursache für hellgelbe Blätter sind sehr oft nicht der Kalk im Gießwasser, sondern die fehlenden Nährstoffe. Freilich: ein wenig genieße ich die Vorteile eines großen Gewächshauses. Dort fühlen sich diese mediterranen Pflanzen natürlich besonders wohl und gehen dann im Frühjahr mit viel Schwung ins neue Jahr. So ist der Mai bei mir in doppelter Hinsicht ein Wonnemonat, dann grünt und blüht es nicht nur im Garten, sondern die gesamte Palette an *Citrus*-Pflanzen steht in voller Blüte. Genau unterhalb des Balkons stehen die Kübelpflanzen, und der Duft streicht am Abend nach oben – paradiesisch, dort zu sitzen.

Duft ist bei den Kübelpflanzen natürlich – wie fast überall bei mir im Garten – besonders wichtig. Ein »alter Herr« ist bei mir der Sternjasmin *(Trachelospermum jasminoides)*. Diese Pflanze habe ich als einen bewurzelten Steckling von einer Gartenmesse mitgebracht, und seither ist er gewachsen und gewachsen und ziert nun die Terrasse. Genauso wie der Klebsame *(Pittosporum tobira)*. In England ist er oft als Hecke zu finden, ebenso im Süden, und er hat nicht nur dekoratives, dunkelgrünes, glänzendes Laub, sondern im Frühjahr stark duftende Blüten. Der Vorteil von

diesen Kübelpflanzen: sie lassen sich kräftig schneiden und so auch noch nach Jahren transportieren.

Genau vor diesem Problem stehe ich bei meinen Palmen. So robust die Hanfpalme *(Trachycarpus fortunei)* ist, auch sie muss eingewintert werden. Nur wird sie Jahr für Jahr größer – geschätzte zehn Jahre wird es noch gutgehen, dann ist es vorbei mit dem Winterquartier im Gewächshaus, dann heißt es Abschied nehmen von diesen herrlichen Kübelpflanzen. Aber die Kraft, die Pflanzen zu schleppen, wird auch irgendwann nicht mehr vorhanden sein, so regelt die Natur eben vieles.

OBEN
Eine neue Variante beim Bepflanzen der Blumenkästen: ein »Traum in Weiß und Silber«.

OBEN LINKS
Eine »alte« Amphore bepflanzt mit Narzissen und Hornveilchen. Damit die Skulptur älter aussieht, wurde sie mehrmals mit Joghurt eingestrichen.

OBEN
Immer wieder neu und anders werden die Kästen bei den Fenstern bepflanzt – das bringt Jahr für Jahr eine Überraschung.

MITTE
Herbst im Blumenkasten: der robuste Efeu und die »*Gardengirls*« (Calluna vulgaris – *Knospenblüher*) *schmücken das Fenster bis in den Winter hinein.*

UNTEN
Eine Idee aus England: Dort, wo nie die Sonne hinkommt, gedeihen in einem Blumenkasten Frauenhaarfarn, Efeu, Grünlilie und Efeutute.

LIEBE LESER

Das Lesen von Zeitungen, das Ansehen von Nachrichtensendungen oder das Surfen auf den News-Seiten ist schon fast zum Thriller geworden. Was wird noch alles auf dieser Welt passieren: an Grausamkeiten, Dummheiten und aus reiner Gier.

Vieles können wir nicht ändern, wir können aber ein wenig anders leben – auch wenn es nicht leichtfällt. Wer sagt schon, dass wir uns an allen zinserhöhenden Spekulationen beteiligen müssen, dass wir dennoch – auch wenn es sich nicht rechnet – eine ökologischere Heizung einbauen. Und dass wir einen Garten betreuen und nutzen.

Es wird hoffentlich niemals wieder eine Zeit geben, in der wir ausschließlich von den Nahrungsmitteln leben müssen, die wir selbst produzieren, aber es ist einer der tollsten Momente, in das eigene grüne Paradies mit Erntekorb zu gehen und Tomaten, Gurken und Salate fürs Mittagessen zu holen.

Und dann auch noch die Natur zu beobachten – wie Hunderte Singvögel den Garten zu ihrem Revier machen, wie Kröten und Igel sich plötzlich heimisch fühlen. Und wie das Eichhörnchen

RECHTE SEITE
Immer wieder einmal Neues ausprobieren – die Asiasalate mit ihrem würzig-scharfen Aroma sind ideal für Woks.

OBEN
Auf der Suche nach Kürbissen: Hokkaido ist der köstlichste unter den vielen Kürbissen, die es gibt – Jahr für Jahr wächst er bei mir auf einem der Komposthaufen.

GANZ OBEN
Der Garten als Oase zum Krafttanken – wenigstens für ein paar Minuten, ehe man wieder unterwegs ist und gießt, Unkraut zupft, erntet oder …

zum Star des herbstlichen Gartens wird und in artistischer Kunst von Ast zu Ast spring und kaum Hasel- und Walnüsse zurücklässt. Aber was soll's. Wir leben Gott sei Dank in einer Zeit, in der wir nicht hundertprozentig vom Garten leben, aber leben können. Und diese Gnade der Zeit, die genießen wir alle.

Ich spreche hier bewusst von »wir«, denn nicht nur ich genieße das, mit mir meine ganze Familie, viele Verwandte und natürlich die vielen treuen Buch-, TV-, Radio- und Zeitungsfreunde, die meine Berichte und Kolumnen Woche für Woche lesen.

Dieses Buch ist ein kleiner Überblick über den Garten. Der Dank gilt in erster Linie meiner Frau Ulli und meiner Tochter Karoline, die mich wegen der vielen beruflichen Auswärtstermine auch noch an vielen Tagen im Garten vermissen müssen. Der Dank gilt auch meiner Schwägerin, die mich viele Jahre lang tatkräftig bei der Pflege unterstützt hat, und ein ganz besonders großer Dank gilt Ursel Borstel. Wir haben uns schon vor vielen Jahren bei Terminen in Deutschland kennengelernt und festgestellt, dass wir auf einer »Wellenlänge« sind. Ihre herrlichen Fotos sind Kunstwerke und ein Geschenk für mich als Gartenbesitzer.

OBEN
Der Garten als Arbeitsplatz. Dank digitaler Technik lassen sich die vielen Fragen, die via Mail hereinflattern, auch »im Grünen« beantworten.

GANZ OBEN
Die Neugierde wecken – das erlebte die Tochter des Hauses schon seit ihrer Kindheit. Damit wuchs auch das Interesse am Garten – auch wenn sie noch nicht Gärtnerin werden will.

RECHTE SEITE
Vieles ist in diesem Garten nicht geplant – die Tulpen wurden zwar gesetzt, aber Vergissmeinnicht und Hahnenfuß suchten sich selbst diesen Platz.

Verzeichnis der abgebildeten Pflanzen

Alant *(Inula helenium)* 69
Besenheide *(Calluna vulgaris)* 89
Blauglockenbaum 20
Clematis 37
Herbstalpenveilchen *(Cyclamen hederifolium)* 38
Dichternarzisse 28
Duftveilchen 'Donau' 38
Efeu 85, 89
Efeutute 89
Forsythie 46
Frauenhaarfarn 89
Gewürzstrauch *(Calycanthus floridus)* 70
Gladiole, Abessinische *(Gladiolus callianthus)* 67
Gold-Wolfsmilch *(Euphorbia polychroma)* 68
Grünlilie 89
Hahnenfuß 95
Herbst-Cyclamen 76
Herbstzeitlose 39
Hornveilchen 88
Hortensie 18
Jasmin 'Silberregen' 47
Judasbaum 45
Malve 70
Margerite 25
Narzisse 2, 15, 27, 88
  'Thalia' 19
  'Ice Follies' 19
Nieswurz 38
Pelargonie 32
Rose 47
  Chinesische Goldrose *(Rosa hugonis)* 69
  'Flammentanz' 9
  'Ghislaine de Feligonde' 20
  'Goldfinch' 47
  Schneerose 69
  Strauchpfingstrose 70
Scharbockskraut 39
Scheinkamelie *(Stewartia pseudocamelia)* 49
Steppenkerze 65
Sternmagnolie 15, 47
Stinkender Nieswurz *(Helleborus foetidus)* 38
Tibetorchideee *(Pleione)* 67, 77
Tränendes Herz 65
Trauerulme 41
Tulpe 95
Vergissmeinnicht 65, 95
Witwenblume 30/31
Zierlauch *(Allium)* 17, 26, 31
  'Globemaster' 25
  'Mount Everest ' 25

Kontakt

– Karl Ploberger ist im oberösterreichischen Salzkammergut zu Hause. Sein Garten in Seewalchen am Attersee ist nicht generell für Besucher geöffnet.
An einigen Tagen besteht aber (ausschließlich) für Gruppen die Möglichkeit, den Garten zu besuchen.
– Alle Informationen und darüber hinaus viele Tipps findet man auf der Homepage: **www.biogaertner.at**
Dort gibt es auch eine Kontaktmöglichkeit für Anfragen und weiterführende Hinweise.

Karl Ploberger hat bereits einige erfolgreiche Bücher geschrieben.
– *Der Garten für intelligente Faule* ist 2012 um das Kapitel »Garteln im Takt der Natur« mit einem umfassenden phänologischen Kalender im Verlag av/cadmos erschienen.
– *Erste Hilfe im Garten für intelligente Faule* ist von der Deutschen Gartenbaugesellschaft unter die besten fünf Neuerscheinungen des Jahres 2011 gewählt worden.
– *So werde ich zum Biogärtner – 12 Projekte fürs naturgemäße Gärtnern* ist als Praxisbuch mit genauen Anleitungen im Jahr 2013 im Verlag Eugen Ulmer erschienen.
– *Die besten Gartentipps für intelligente Faule* hat Karl
Ploberger über die letzten Jahre gesammelt und im Jahr 2013 als nicht alltägliche Fundgrube für interessante Gartenideen herausgebracht (av/cadmos).
– Gartentipps im TV und Radio
– Karl Ploberger ist wöchentlich im Österreichischen Fernsehen zu sehen: Meist Sonntag nachmittag (ORF2, ca. 16 Uhr). Wiederholungen gibt es in 3sat und auf ORF III.
– In regionalen Radio-Stationen in Wien, Burgenland, Steiermark, Oberösterreich, Salzburg und Kärnten gibt der »Biogärtner der Nation« wöchentlich kurze, der Saison entsprechende Gartentipps.

FSC www.fsc.org
MIX
Papier aus verantwortungsvollen Quellen
FSC® C004592

Impressum
Das für dieses Buch verwendete FSC®-zertifizierte Papier *Profisilk* liefert Sappi, Alsfeld.

1. Auflage

Layout und Satz: Monika Pitterle/DVA
Gesetzt aus der Sabon LT Std und der DIN 1451 Std
Lithographie: Repro Ludwig, Zell am See
Druck und Bindung: Firmengruppe APPL, aprinta druck, Wemding
Printed in Germany
ISBN 978-3-421-03902-6

www.dva.de

1
2
3
4
5
6
7
8
9
10
11
12
13
14
15
16
17